Silvio Pellico

Versi d'amore

A cura di
Cristina Contilli

Lulu.com

3101 Hillsborough Street
Raleigh, NC 27607
USA

Printed in 2015.

Images free by copyright, from Wikimedia commoms and other links indicated in the final bibliography.

Prima edizione: 2007

Seconda edizione: 2012

Prima ristampa: febbraio 2013

Seconda ristampa: aprile 2013

Terza ristampa: giugno 2013

Nuova edizione disponibile anche in formato

kindle: febbraio 2015

Senza l'amore l'esistenza è un deserto

Silvio Pellico, 1820

Paolo e Francesca nell'interpretazione di Klimt.

Introduzione

Silvio Pellico è conosciuto per il suo libro di memorie ("Le mie prigioni", pubblicato dall'editore Bocca di Torino nel 1832), ma nel periodo risorgimentale era considerato anche un apprezzato autore sia di testi teatrali sia di poesie a carattere intimista e autobiografico.

Silvio Pellico ha avuto, infatti, poche, ma intense storie d'amore che ha saputo rievocare con toni, a volte appassionati, a volte nostalgici, nelle poesie della raccolta "Poesie inedite", stampata a Torino nel 1837, ma anche nel vaudeville "La festa di Bussone", scritto nel 1820 per l'attrice Teresa (Gegia) Marchionni.

Piero Maroncelli nella nota biografica, pubblicata insieme all'edizione parigina de *Le mie prigioni*, ricorda il primo amore dell'amico: un'adolescente torinese di nome Carlottina, morta a quindici anni, un amore delicato e innocente che il Pellico, chiuso nello Spielberg, ricordava ancora con tenerezza.[1]

In una cantica composta nel 1835 e intitolata *Le passioni* Silvio Pellico ricorda così la prima donna che ha amato: *"Del me passato aggiugnesi indivisa / Di palpiti d'amor soave istoria / Quando un'egregia m'infiammava in guisa, / Ch'io per lei sola ambia pietate e gloria, / Ch'io sempre in lei tenea l'anima fisa, / Che d'un sorriso suo per farmi degno, / Sempre agognava ingentilir lo ingegno!"*[2]

Lo scrittore piemontese Giorgio Briano racconta che una sera, mentre tornava a casa a piedi assieme a lui, Silvio Pellico si sia fermato di fronte ad una porta e gli abbia confidato che lì aveva abitato il suo primo amore, la donna che, secondo Briano, avrebbe ispirato il personaggio di Francesca nella *Francesca da Rimini*.[3]

---

[1] P. MARONCELLI, *Addizioni alle mie prigioni di Silvio Pellico*, in S. PELLICO, *Le mie prigioni*, Milano, Rizzoli, 1987, pp. 27-28.

[2] S. PELLICO, *Poesie inedite*, Torino, Tipografia Chirio e Mina, 1837, I, pp. 144-145.

[3] G. BRIANO, *Silvio Pellico*, Torino, Unione Tipografico-editrice, 1861, pp. 12-13. Sono andata a rileggere il passo della biografia di Briano e ho notato che nonostante ne Le passioni Pellico parli solo di due donne del suo passato e per di più di un passato lontano perché all'epoca in cui è stata composta questa cantica intorno al 1835-1836 erano già morte entrambe Briano che conosceva anche un'altra storia del Pellico scrive nel suo libro che Pellico ha ricordato in questo componimento le tre donne della sua vita. La terza è a mio parere l'attrice Gegia Marchionni che viveva a Torino e

Nel 1806, dopo il fallimento dell'attività commerciale gestita dal padre, Silvio Pellico viene inviato a Lione presso un ricco zio materno. Egidio Bellorini ha ipotizzato che durante questo soggiorno il Pellico si sia innamorato della cugina e abbia vissuto un amore infelice come quello che vive il trovatore Adello nell'omonima cantica, composta dal Pellico durante il periodo del processo e pubblicata a Torino nel 1830.[4]

Il comune di Lione ha messo recentemente on line gli archivi dello stato civile da fine '700 ad inizio '900 ed è possibile fare una ricerca per i matrimoni in base al cognome degli sposi... per cui ho potuto constatare che nel periodo 1806-1809 si sono sposate solo due ragazze di cognome Tournier a Lione perciò una delle due potrebbe essere la cugina del Pellico di cui lui si era innamorato, ma che era promessa ad un altro.

Il link per fare la ricerca:
http://www.fondsenligne.archives-lyon.fr/ac69v2/genealogie.php?PHPSID=1df345912b9bd288e8255a388e837836&mode=3

Si sono sposate tutte e due nel 1807 a distanza di pochi giorni l'una dall'altra, ma non sono sorelle, la prima risulta che di professione era lingére ossia guardarobiera, mentre dell'altra non è indicata la professione però è scritto che il padre era mugnaio, un'attività di tipo commerciale compatibile con quello che sappiamo dalle poche notizie biografiche relative al periodo lionese del Pellico inviato dopo il fallimento dell'attività del padre presso uno zio materno benestante residente a Lione.

2 résultats ont été trouvés

Cote	Commune	Subdivision	N° acte	Date	Nom de l'époux	Prénoms de l'époux	Nom de l'épouse	Prénoms de l'épouse
2E131	Lyon	Lyon Mairie unique	635	17/10/1807	FERY	Benoit	TOURNIER	Madeleine
	Lyon							Marie

---

che si sapeva essere stato un amore del Pellico prima del suo arresto, dato che la vicenda era stata raccontata nel 1859 in uno dei volumi del libro *Ai miei tempi* di Angelo Brofferio.

[4] E. BELLORINI, *Spigolature pellichiane. I primi amori di Silvio Pellico*, Saluzzo, Tipografia Bovo e Baccolo, 1903.

Le delusioni subite e la debolezza della salute, ma anche il desiderio di avere un comportamento moralmente irreprensibile, necessario per una persona che si occupa dell'educazione di due bambini piccoli (nel 1816 i figli del conte Luigi Porro, di cui lo scrittore era precettore avevano rispettivamente cinque e nove anni), allontanano per alcuni anni il Pellico dall'amore.

Solo nel 1819 Silvio Pellico si lascia coinvolgere di nuovo in una storia d'amore, importante e sofferta, quella con la marchesina milanese Cristina Trivulzio (Milano 1799 - 1852).

Nelle lettere dell'estate del 1819, indirizzate a Ferdinando Rossi di Vandorno, Silvio Pellico non nomina mai Cristina esplicitamente, ma confida all'amico che si è innamorato di una marchesina Trivulzio di vent'anni *"d'un cuore tutto schiettezza e soavi sentimenti."*

E aggiunge sempre nella stessa lettera (datata 20 agosto 1819): *"Non voglio più amare – se posso. – Disgraziatamente v'è quella compagna delle passeggiate mie solitarie, quella fanciulla di 20 anni, quella che mi porgeva il latte, dopo averlo libato colle sue labbra – la sua immagine è qui, profondamente scolpita; ma no, non sarà amore. Non abbiamo proferito altro nome che quello di amicizia. – Il pericolo era passato, tutta la brigata s'era sciolta; io era venuto via da Balbianino; stavamo qui alla Cascina, Porro ed io – quand'ecco una sera – eravamo mezzi addormentati sopra un sofà – compariscono dei cappellini – tre donne; la madre e le due figlie[5] – io balzai come un innamorato di 15 anni."*

Nel novembre del 1819 Cristina Trivulzio sposa il conte milanese Giuseppe Archinto[6] che lo storico Raffaello Barbiera descrive come un marito dal carattere geloso e possessivo.[7]

---

[5] La contessa Beatrice Serbelloni Trivulzio con le due figlie: Cristina e Rosina, nate ad un solo anno di distanza, la prima nel 1799, la seconda nel 1798. Le due sorelle e si sposeranno entrambe nel 1819, la prima con il conte Luigi Archinto, la seconda con il conte Giuseppe Poldi Pezzoli.

[6] V. MONTI, *Il ritorno d'amore al cespuglio delle quattro rose per le nozze della signora D. Cristina Trivulzio col signor conte D. Giuseppe Archinto*, Milano, Tipografia Silvestri, 1819.

[7] R. BARBIERA, *Passioni del risorgimento. Nuove pagine sulla Principessa di Belgioioso e il suo tempo con documenti inediti ed illustrazioni*, Milano,

A Cristina sono dedicati alcuni versi contenuti in una cantica, intitolata *Le Chiese*, in cui il Pellico ricorda una donna che aveva la possibilità di incontrare in una chiesa di Milano: *"E in talun di quegli alberghi santi / Una donna io vedea ch'erami stella; / E a lei movendo i guardi miei tremanti, / S'umiliava mia ragion rubella / Mi parea ch'a me un angiolo davanti / Stesse per me pregando, e allora in quella / Amica del Signor ponendo io speme / "Ah, sì, diceva in ciel vivremo insieme!"*[8]

Nella primavera del 1820 Silvio Pellico si innamora dell'attrice Teresa (Gegia) Marchionni (Firenze 1785 - Torino 1879) per cui scrive il vaudeville *La festa di Bussone* che viene rappresentato al teatro Re di Milano il 28 giugno 1820.[9]

Nell'agosto del 1820 Silvio Pellico si trova a vivere un momento particolarmente difficile. Prima deve affrontare la morte (per tisi) dello scrittore Ludovico Di Breme che, dopo la partenza di Ugo Foscolo per l'esilio, aveva rappresentato per lui un punto di riferimento affettivo e letterario, poi deve accettare il distaco da Gegia che lascia Milano con la compagnia teatrale, di cui fa parte.

Unico confidente delle sue tristezze e e dei suoi dubbi resta dunque Piero Maroncelli, a cui il Pellico confida in un biglietto: *"E' vero sono amato, ma non sono punto più felice di te. La lontananza accresce la mia passione; io non deliro che Gegia, e l'idea di non poterle più vivere vicino mi toglie ogni pace."*

Nell'ottobre del 1820 pochi giorni prima di venire arrestato Silvio Pellico scrive alla donna amata una lettera in cui sembra presagire le sofferenze che lo attendono: *"Compiangimi, compiangimi mia buona amica, io non sarò mai felice! Ogni speranza di bell'avvenire svanisce e quanto più mi vedo nell'impossibilità di superare i crudeli decreti che mi separano da te, tanto più sento ch'io t'amo, e che senza di te la mia vita non ha che amarezza."*

Dopo la liberazione dal carcere l'attrice Teresa (Gegia) Marchionni rappresenta ormai per il Pellico un amore impossibile.

Il Pellico sa che la sua famiglia non accetterebbe mai il matrimonio con un'attrice e se, a trentun anni era pronto a lottare per lei, ora, sentendosi in debito verso i genitori che l'hanno riaccolto in casa, si arrende e in una lettera del 9 maggio 1831 scrive in tono malinconico a Piero Maroncelli: *"Carlotta [l'attrice Carlotta Marchionni, cugina di Teresa] e tutta la sua*

Treves, 1903.

[8] PELLICO, *Poesie inedite*, cit.

[9] G. CAGNO, *Silvio Pellico librettista e traduttore per la Gegia Marchionni*, Torino, Tipografia Sane, 1921.

famiglia sono sempre quelle eccellenti anime d'una volta, ma non vado spesso da loro. Vi sono stato circa quindi giorni fa, e parlammo molto di te."

Tra gli amori di Silvio Pellico, Curlo Curto ha voluto includere anche Quirina Mocenni Magiotti che il Pellico aveva conosciuto attraverso Ugo Foscolo e con cui costruirà un rapporto epistolare durato più di trent'anni (dal 1815 al 1847).[10]

A differenza di Cristina e di Teresa (con cui il Pellico, anche se consapevole della difficoltà che deve affrontare, cerca di costruire un amore corrisposto e vissuto) Quirina rappresenta invece l'amore ideale e "volutamente" lontano, come dimostra una lettera dell'ottobre 1831: *"Tutti i sentimenti più affettuosi e più sacri s'uniscono in me, quando penso alle tue virtù e all'amicizia che m'hai posto per quella che stringeaci entrambi ad Ugo. Io anelo di conoscerti, e d'inginocchiarmi innanzi a te, come quel cavaliere d'una delle mie cantiche inedite, il quale arse tanti anni di vedere una Donna d'altissimo intelletto, che conosceva per fama, e finalmente si condusse a lei, e l'adorò, quale una delle più nobili rappresentazioni della Bontà Divina.*"

Nel 1833 Quirina regalò a Silvio un orologio appartenuto a Vittorio Alfieri probabilmente come augurio di diventare un autore di tragedie altrettanto apprezzato e Pellico la ringraziò di questo dono sia privatamente per lettera sia pubblicamente in una cantica pubblicata nel 1837 di cui in questa edizione riporto proprio i versi in cui Pellico sostiene che molti poeti del passato da Dante fino a Parini meriterebbero un suo ricordo, ma aggiunge che in particolare da giovane aveva amato le opere di Alfieri e che per questo gli era stato particolarmente gradito il regalo di Quirina.

Nel 1836 in un albergo di Torino, dove alloggiava il conte Giulio Porro, Silvio Pellico incontra la contessa Cristina Archinto Trivulzio, la *"marchesina Trivulzio d'un cuore tutto schiettezza e soavi sentimenti"*, che non vedeva dall'estate del 1819 e confida in una lettera indirizzata al conte Luigi Porro (padre di Giulio): *"Qui nello stesso albergo ov'è Giulio sono gli Archinto e jeri ho riveduto la contessa Cristina ch'è sempre buona, schietta e naturale come quando era ragazza. Ed essa non è di que' Milanesi che hanno paura di dispiacere all'Austria se mi vedono. Debbo pur dire che di que' paurosi ve ne sono pochi. Infinite sono le dimostrazioni di stima che apertamente mi si fanno dagli antichi conoscenti.*"

Silvio Pellico sa tuttavia che Cristina è una donna sposata e che il rapporto con lei non può superare i limiti dell'amicizia, ma, come dimostrano sia i

---

[10] S. PELLICO, *Opere scelte*, Torino, Utet, 1978.

versi della Cantica *Le Chiese* sia quelli della Cantica *Le passioni*, vive con un senso di malinconia e di rimpianto questa rinuncia.

Tuttavia non riesce a rinunciare completamente a lei, pur mantenendo il loro rapporto nei limiti dell'amicizia, come dimostra il fatto che in una lettera del 1843 chieda al conte Luigi Porro di salutargli Cristina (solo lei e non il marito).

E d'altra parte i versi d'amore scritti da Cristina per i riferimenti che contengono possono essere dedicati solo a Pellico... io credo che questa storia d'amore possa aver avuto in qualche modo un finale parzialmente positivo con Silvio e Cristina che si sono sposati anche se solo civilmente dopo il suo divorzio dal conte Archinto (Cristina aveva come Trivulzio la cittadinanza svizzera o più precisamente del Canton Ticino che le permetteva di divorziare).

All'inizio avevo pensato che Cristina potesse aver ottenuto l'annullamento del suo matrimonio, ma era una procedura più complessa e dalle poche testimonianze dell'epoca risulta che il conte Archinto tenesse a Cristina e quindi difficilmente avrebbe accettato di portare avanti un annullamento che avrebbe richiesto anche il suo consenso e che avrebbe anche comportato l'esposizione di fronte ad un tribunale ecclesiastico di particolari riguardanti la sua vita intima.

Nella Biblioteca Civica di Saluzzo è conservata inoltre una cantica inedita di Silvio Pellico intitolata "Il ritorno alla vota" che inizia con i versi "La donna ne' miei canti innominata" il cui autografo purtroppo non è pienamente leggibile a causa delle macchie d'inchiostro, ma che secondo una catalogazione di inizio '900 dovrebbe essere dedicata alla marchesa di Barolo. Essendo presente ne *Le poesie inedite* del Pellico pubblicate nel 1837 una cantica dedicata sempre alla Barolo intitolata "Una donna" è ragionevole pensare che questa cantica sia stata composta precedentemente e che poi Pellico abbia preferito la seconda composizione alla prima che è rimasta inedita.[11]

Giulia non si può comprendere in senso stretto tra gli amori del Pellico perché il loro era più che altro un rapporto di stima e di collaborazione

---

[11] Il Risorgimento italiano: Volume 1

books.google.itDeputazione subalpina di storia patria, Istituto per la storia del Risorgimento italiano, Società storica subalpina, Turin - 1908 - Visualizzazione snippet

9° Cinque autografi in gergo, di Silvio Pellico **una poesia autografa di Silvio Pellico dedicata alla. marchesa Barolo, intitolata ' Il ritorno alla vita"** reciproca, anche se dai versi che Pellico le ha dedicato emerge senza dubbio un profondo senso di ammirazione dello scrittore verso di lei. Probabilmente Pellico quando la conobbe nel 1833 rimase affascinato dalla sua capacità di conciliare la vita sociale e mondana tipica di una donna di famiglia nobile dell'epoca con il suo impegno in innumerevoli opere di carità e in particolare credo sia rimasto colpito, avendo vissuto in prima persona l'esperienza del carcere, dal lavoro svolto da Giulia a favore del recupero delle carcerate.

C'è infine un'ultima donna nella vita del Pellico di cui non sono riuscita a scoprire molto, ma che si potrebbe considerare un amore di tipo "letterario" nel senso che lei si innamorò di lui dopo averne letto il libri di Memorie e le dedicò un'epistola in versi a cui il Pellico rispose con un altro componimento in cui la ringraziava per la sua generosa compassione nei confronti delle sofferenze patite, ma nello stesso tempo sembrava rimettere il loro rapporto nei limiti della solidarietà e dell'amicizia più che dell'amore.

Si tratta della scrittrice inglese di romanzi storici, poesie e articoli di gossip Mary Louise Boyle (la madamigella Luigia Boyle dell'epistolario pellichiano) figlia di un lord e probabilmente di fede anglicana il che può aver scoraggiato Pellico ad andare oltre nel loro rapporto, anche se alcuni anni fa circolava sul mercato antiquario una copia dell'edizione del 1832 de *Le mie prigioni* il cui prezzo era reso elevato proprio dal fatto che sul frontespizio ci fosse una dedica autografa del Pellico alla Boyle. C'è anche da dire che la Boyle era nata nel 1810 ed aveva quindi 21 anni meno del Pellico, ma io credo che dalle voci su loro rapporto[12] sia nata la falsa voce giunta fino al Maroncelli a New York del matrimonio di Pellico con una ricca signorina inglese. Pellico smentì la notizia visto che il matrimonio non era mai avvenuto, ma forse qualche dubbio e qualche riflessione in quel

---

[12] Ancora a fine '800 si favoleggiava sul rapporto del Pellico con la Boyle come dimostra questa citazione (la Boyle morirà a 80 anni nel 1890) e questo episodio si colloca nel 1833 quindi negli anni 80 dell'800 erano ormai trascorsi 50 anni: Letters of James Russell Lowell: Volume 2
   books.google.itJames Russell Lowell, Charles Eliot Norton - 1977 - Visualizzazione snippet
   Miss Mary Boyle is a delightful old lady. How old she is may be inferred, without breach of the bienstances from the fact that Silvio Pellico wrote verses to her nearly sixty years ago. It is no fault of hers that they are not very good ...
   Altre edizioni

1833-1834 l'aveva fatta se scriverà a Quirina di non credere alle voci su un suo possibile prossimo matrimonio perché a più di 40 anni e con poca salute non gli sembrava il caso di sposarsi né si sarebbe voluto sposare con una donna benestante allo scopo di "sistemarsi". La Boyle era giovane e benestante, per cui, per un uomo con meno scrupoli del Pellico, sarebbe stata una moglie perfetta, ma Pellico confiderà più tardi all'amico Giorgio Briano: *"Giuria mi scrisse qualche riga, giorni sono, e m'annunziò il matrimonio di Fea. I matrimoni mi mettono sempre paura; ne ho veduti tanti infelici! tuttavia ve n'ha alcuni felici, e spero che tal sia quello di Fea."* [13]

E se al Pellico metteva paura il matrimonio dello scrittore suo amico Leonardo Fea, a maggior ragione si può pensare che questa paura l'avrebbe avuta se si fosse trattato di un suo possibile matrimonio con una donna molto più giovane, proveniente da una classe sociale più elevata e di fede religiosa diversa. [14]

Pellico ha saputo nel corso della propria vita difendere in modo abbastanza efficace da chiacchiere e pettegolezzi la propria vita sentimentale, anche se questo non ha impedito che gli venissero attribuite storie d'amore, probabilmente mai nate, per esempio, con l'attrice Carlotta Marchionni, ispiratrice della seconda e definitiva stesura della Francesca da Rimini oppure con la signorina di famiglia nobile inglese Henriette Churchill, amica della marchesa di Barolo e cugina della moglie dello scrittore cattolico francese Lamartine. Per cercare di districarmi tra storie d'amore reali e altre solo presunte ho tenuto come fonti principali le lettere stesse del Pellico che anche se non di frequente a volte sentiva la necessità di riversare le proprie pene d'amore nelle missive indirizzate agli amici come quando accenna a Ferdinando di Vandorno del suo amore per una marchesina Trivulzio oppure come quando si sfoga con Piero Maroncelli per il fatto che Gegia non ricambi i suoi sentimenti e non si renda conto dell'intensità con cui egli la ama.

Tra le lettere del Pellico si intravedono anche altre due amori con donne sposate rimasti probabilmente nei limiti dell'amicizia quello con Emilia Vignali Briche, madre di Odoardo il bambino di cui Pellico è stato precettore dal 1813 al 1816 e quello con Felicia Giovio, la marchesina Giovio a cui Pellico indirizza diverse epistole appassionate tra il 1818 e il

---

[13] PELLICO, *Epistolario*, cit.

[14] Un mio articolo sul Pellico e la Boyle:
http://www.literary.it/dati/literary/c/contilli/sulle_tracce_della_poetessa_ma
ry.html

1819 e che è da identificare con buona probabilità con la donna sposata che Pellico avrebbe voluto incontrare a Milano, ma che un marito poco amante della vita mondana della città tratteneva confinata in provincia.

Un ultimo accenno merita, infine, questa lettera ricevuta da Pellico intorno al 1850 e che si riferisce probabilmente alla Trivulzio: *"Ho appreso con profondo dispiacere che avete interrotto il cammino di formazione per divenire terziario francescano intrapreso quando io ero ancora a Torino. Io vi ricordo ogni giorno nelle mie preghiere e d'ora in poi pregherò anche per la vostra consorte che mi scrivete essere una donna dall'animo generoso e sincero. Tuttavia non posso approvare la vostra decisione di unirvi in matrimonio con una donna divorziata e, se fossi stato ancora il vostro padre spirituale, avrei cercato di dissuadervi da una simile scelta. Posso comprendere però che un temperamento sensibile come il vostro non sia rimasto indifferente di fronte al fatto che vostra moglie si è sposata per la prima volta quand'era ancora molto giovane, persuasa più dalle pressioni dei familiari che da un'intima convinzione. I miei impegni pastorali non mi permettono di scrivervi a lungo come vorrei, ma sappiate che siete spesso presente nei miei pensieri assieme ad altre care persone conosciute durante la mia permanenza a Torino, tra cui non posso non annoverare anche l'egregia marchesa Di Barolo a cui vi prego di porgere i miei più affettuosi saluti.*
Vostro affezionatissimo padre Guglielmo Massaja"

Le lettere di Pellico a Maroncelli sono conservate nella Biblioteca Comunale di Forlì, quelle a Teresa nell'archivio di stato di Milano e infine quelle a Ferdinando Rossi Di Vandorno si trovano nell'archivio dell'Istituto per la storia del risorgimento italiano di Roma.

L'attrice Adelaide Ristori nella parte di Francesca.

Francesca da Rimini, tragedia, citazioni che parlano d'amore...

Amore è di sospetti fabbro.
(atto I, scena II)

Vederti, udirti, e non amarti... umana cosa non è.
(atto I, scena V)

Bella
Come un angel, che Dio crea nel più ardente
Suo trasporto d'amor.
(atto III, scena II)

T'amo, Francesca, t'amo,
E disperato è l'amor mio!
(atto III, scena II)[15]

---

[15] http://it.wikiquote.org/wiki/Silvio_Pellico

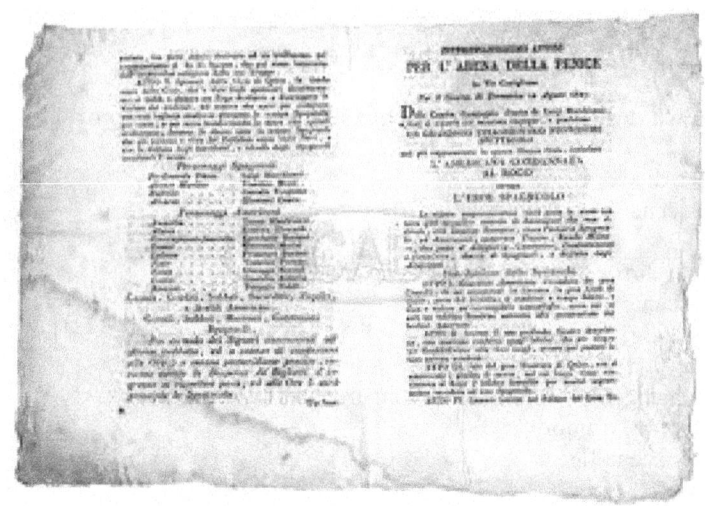

Di Teresa Marchionni purtroppo non sono riuscita a trovare nessun ritratto, in compenso ho trovato questo manifesto di uno spettacolo del 1827 in cui recitava proprio lei.

La festa di Bussone (vaudeville, frammento)

Se penso al rio[16] decreto
Che tronca la mia speme
piange, s'adira e freme
l'innamorato cuor.
Ma quando o mia diletta
penso che m'ami ancora,
s'allegra,[17] si ristora
questa'alma[18] poveretta;
Per me tue luci[19] belle
son due ridenti stelle
che fugano il dolor.

---

[16] Malvagio, crudele.
[17] Si rallegra
[18] Anima
[19] Occhi

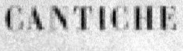

*Un'edizione ottocentesca
delle cantiche di Silvio Pellico
pubblicata dalla Le Monnier.*

Adello, poemetto ad ambientazione medievale

Quando oltre l'Alpi il giovinetto Adello
Dal povero movea[20] tetto paterno,
Pria di varcarle, un guardo all'orizzonte
Natìo rivolse e pianse: e rammentando
De' genitori la virtù e l'affetto
Ripetè il pronunciato innanzi a loro
Fervido giuramento.--
«Ah, no, al tuo nome,
Patria degli avi miei, nè al vostro, o santi
Parenti alcun disdor[21] l'opre d'Adello
Non recheranno mai! Verrà in Italia
Il cortese straniero, e dirà--Pace,
O terra, di gentili alme nutrice!
Poi la via proseguì.--Scudiero al vecchio
Suo consanguineo ei già che, di possanza
Ricco e di fama, appo[22] Lïon, sui colli
Della Sonna fioriti e sulla Rocca
Incisa dominava. Al giovinetto
Accoglienza amorevole il canuto
Giorgio far si degnò. Molto gli parla
De' cari genitori, e si compiace,
Perocchè del garzon commossa uscìa
Dal cor la voce, e gli soggiunge--«Il cielo
Non prosperò del padre tuo i destini,
Ma un ospite leal diegli, un amico
Che a lui la destra, e a chi da lui ne venga
A stender pronto è ognor.»
Quell'onorata
Destra baciava Adello, e umile e fida
Servitù prometteva al suo signore.
Degli antichi scudieri e famigliari
Già l'ossequio acquistossi il verecondo
Italo garzoncello: e i cavalieri
Col sir congratulavansi e le dame

----

[20] Muoveva
[21] Disonore, vergogna
[22] Presso

Per l'onestà del nuovo alunno: e lieto
Questi fra sè dicea: «Giungervi possa
Autori de' miei dì, quanto il lontano
Vostro figliuol dagli stranieri è amato!»
Ma di Giorgio crescea la bionda figlia
E di beltà un miracolo e d'amore
E di grazia era, e di virtù, Eloisa:
Ambìan la mano sua molti di Francia
Illustri cavalieri, e al prode Arnaldo
Il padre la destina. Era negli occhi
Della fanciulla e sulle labbra un pronto
Di cortesìa e candor nobil sorriso,
Ch'ove volgeasi consolava: e quando
Ella uscìa del castel, gl'infimi servi
E il passeggiar mendico avidamente
A mirarla si feano, e ognun tornava
Più sereno al suo ufficio e a' suoi dolori.
Ma quel tenue sorriso era qual pio
Raggio di luna che ricrea il ramingo,
Eppur misterioso un sentimento
Move che non è gioja--e più soave--
Della gioja fors'è, ma dolce ispira
Di meditar vaghezza e di silenzio:
Tal la sera in un tempio è melodia
Di giocondo ma augusto organo--ascolta
Delizïando l'anima pensosa.
Quella tinta lievissima, quell'aura
Che alla beltà del timido sembiante
Beltà diresti aggiunga, e par sia nube--
Non nube di dolor, ma di gentile
Malinconia, e pietosa indole un cenno--
Quell'è l'incanto irresistibil donde
Sì affettuosi a lei volgonsi i guardi.
Nel tetto suo, dalle verginee stanze
Fuori di rado appar: ma dagli aerei
Passi se il fievol suon per le echeggianti
Sale s'annunzia--o al genitor si rechi...[23]

---

[23] Secondo Egidio Bellorini Pellico ha voluto raccontare in questo poemetto alcune sue vicende personali, trasportandole nel medioevo. Effettivamente

Quirina Mocenni Magiotti in un ritratto del 1813.

come Adello Silvio era stato costretto ad allontanarsi da Torino perché l'attività commerciale del padre era fallita ed era stato inviato presso un cugino della madre a Lione e lì si era innamorato della cugina che però poi aveva sposato un altro uomo. Nel sito della città di Lione io ho trovato una Tournier Marie Celestine figlia di un mugnaio che si è sposata nell'ottobre del 1807 e che potrebbe essere l'innamorata del Pellico.

21

La morte di Dante, cantica, vv. 18-31
(Versi dedicati a Quirina Mocenni Magiotti)

Non avrai tu, per tragich'ira primo,
Possentissimo Alfieri, onde reliquia

Sì preziosa a me largì Quirina,
Tu che maestro all'arte mia più cara
Sì fortemente in giovinezza amai,
Tu che ad Italia ed a nativi nostri
Pedemontani lidi onor sei tanto,
Non avrai tu dalle mie labbra un carme?
L'avrai. — Nè per Parini anco fia scevra
Di parole d'amor l'alma di Silvio;

Nè per Monti e per chiari altri intelletti
Di non remoti dì. — Ma se più d'una
Cantica aspettan molte ombre di vati,
Più l'aspettan le antiche...

Ugo Foscolo, cantica, vv. 201-224
(Versi dedicati a Quirina Mocenni Magiotti)

Di tua vita furenti indagatori,
Per laudare o schernir la tua memoria,
Di te narraro[24] i deplorandi errori
Quasi parte maggior della tua gloria:
Falsato indegnamente hanno i colori!
Del tuo core ignorato hanno l'istoria!
Ugo conobbi, o ingiurïanti infidi,
E tra' suoi falli[25] alta virtude[26] io vidi!

E tu, schietta e magnanima Quirina,
Che appien[27] di lui pur conoscesti il core,
Meco[28] ogni dì il rammenti alla divina,
Infinita pietà del Salvatore:
Come la mia, tua dolce alma s'inchina
Con invitta fiducia e con fervore
A pro del nostro amato, onde con esso
Veder per sempre Iddio ne sia concesso.

Appagar te non ponno,[29] e me neppure,
Nessun ponno appagar su caro estinto
Funebri canti o funebri scolture,[30]
Da cui pari ad eroe venga dipinto:
Uopo han di Dio le amanti creature!
A fede e speme han l'intelletto avvinto!
Noi non chiamiamo eroe l'amico andato:

---

[24] Narrarono

[25] Errori

[26] Virtù

[27] Appieno ossia in modo pieno, profondo. Secondo il Pellico Quirina ha conosciuto più di altri in profondità il cuore di Ugo Foscolo.

[28] Con me

[29] Possono

[30] Sculture

Amiam, preghiam ch'ei sia con noi salvato!

**Un ritratto dell'attrice Carlotta Marchionni risalente al 1840
conservato nel museo del Risorgimento di Roma.**

Le Passioni, cantica, vv. 63-104

Più d'un libro m'è caro, e pure in esso
Di rado cerco lui; cerco me stesso.

E non sol me vi cerco alla memoria
Del me passato aggiugnesi indivisa
Di palpiti d'amor soave istoria
Quando un'egregia m'infiammava in guisa,[31]
Ch'io per lei sola ambia[32] pietate e gloria,
Ch'io sempre in lei tenea l'anima fisa,[33]
Che d'un sorriso suo per farmi degno,
Sempre agognava ingentilir lo ingegno.

E se pio talor fui, pregio egli è stato
Di quella generosa animatrice
Era ad essa straniero il forsennato
Foco d'amor che mi rendea infelice;
Ma compatia mie pene, ed elevato
Volea il mio spirito, e lo volea felice.
E allor che più insano io le parea
S'affannava, e garrivami, e piangea

Quella donna, onde il bel nobile viso
Polvere è da molt'anni, e l'alma in Dio
Non disamai,[34] benchè da lei diviso,
E onerolla[35] tutto il viver mio.
Ma nuovi poscia[36] affetti han me conquiso,[37]
E quel primiero[38] ardor s'è intiepidio
Quel ch'era in me un incendio, è una favilla

---

[31] In modo
[32] Ambivo, desideravo
[33] Fissa
[34] Non smisi di amare
[35] La onorerò
[36] In seguito
[37] Mi hanno conquistato
[38] Primo

Che come lampada ad un sepolcro brilla.

Senza obliar[39] la già cotanto amata,
Altra ammirai ch'or dipartita è anch'essa;
E in me virtù credendo sublimata
Per averla a sì bello angiol commessa,
L'anima mia da orgoglio inebriata
Vana si fea di lungo ben promessa:
Giorni d'alto dolor mi mosser guerra
E a lei pur venni tolto, ed è sotterra!

Sete d'amor, sete di studi, e sete
D'innalzar sopra il volgo il nome mio,
Gran tempo mi rapian sonno e quiete,
Né scerno[40] se ammendato oggi son io
Tu che del cor[41] le latebre[42] secrete
Solo ravvisi e mondar puoi gran Dio
Pietà di me che tanto sempre amai
E sino a te l'amor non sollevai!

---

[39] Dimenticare
[40] Discerno
[41] Cuore
[42] Recessi.

Cristina Archinto Trivulzio
in un ritratto del 1824.

Le Chiese, cantica (Versi dedicati a Cristina Archinto Trivulzio)

E in talun di quegli alberghi santi
Una donna io vedea ch'erami stella;
E a lei movendo i guardi miei tremanti,
S'umiliava mia ragion rubella
Mi parea ch'a me un angiolo davanti
Stesse per me pregando, e allora in quella
Amica del Signor ponendo io speme[43]
"Ah, sì, diceva in ciel vivremo insieme."

**La Villa di Balbianello dove è nato nell'estate del 1819
l'amore tra Silvio e Cristina.**

---

[43] Speranza

28

Una donna, cantica, vv. 1-24, vv. 224-232
(Versi dedicati a Giulia Falletti di Barolo)

Nota è a me sulla terra una mortale
Che dal Ciel tutti i doni ebbe più chiari:
Poch'alme han forza d'intelletto eguale,
4 E fior dal meditar colgon sì rari:
S'alza di fantasìa su fulgid'ale,
E a' più posati ragionanti è pari:
Pronta discerne il ver, pronta l'addita,
E tanta luce è da umiltà addolcita.

☐Cinta ell'è di ricchezze e di splendore,
E le aggradano brio, riso, favella;
Tutte potrebbe del suo viver l'ore
Incantar con magìa sempre novella:
Par che delizïato il suo bel core
Ogni affannoso sentimento espella;
Ma questa d'eleganti arti regina
Nutre d'egregi fatti ansia divina.

E color che l'ammirano raggiante
D'ingegno e grazia in suoi ridenti crocchi,
Ignoran che fissati ha poco avante
Sopra miseria spaventosa gli occhi;
Che sua candida man dianzi tremante
Alzò il mendico prono a' suoi ginocchi;
Che il delicato piè stanco or riposa
D'aver recato ad egri aïta ascosa.[44]

☐Tal esser può, restando pur nel mondo
E in convenevol, fulgida eleganza,
Chi nutre del Vangel senno profondo,
 Chi gode esser di Dio fatto a sembianza,
Chi sa che spirto uman d'opre[45] fecondo

---

[44] Aiuto nascosto (nel senso credo di non ostentato di fronte agli altri)
[45] Opere

Non dee[46] in van'ombre usar la sua possanza,
Ma in amar Dio! ma in dimostrargli amore,
Sempre sacrando[47] all'altrui bene il core!

***Giulia Falletti di Barolo in un ritratto degli anni '30 dell'800
(l'epoca in cui la conobbe Pellico)***

---

[46] Deve
[47] Consacrando

Il ritorno alla vita, cantica inedita, vv. 1-8, vv. 25-32
(Versi dedicati a Giulia Falletti di Barolo)

La Donna ne' miei canti innominata,
Ma benedetta da universa voce,
Quell'animosa ancella del Signore
Che d'ogni scopo eccelso innamorata
Splende negli atti, nel pensier, nel core,
Vedemmo di feroce
Infermitate al piglio
Volger su noi l'illanguidito ciglio.

Emulator delle virtù di lei
Ma da spavento e dolci sensi oppresso,
Piangea sull'egra il Coniuge suo degno:
"Tu necessaria, le dicea, mi sei,
Tu di grazia superna a me sei pegno!
Se non mi stai dappresso
Ahi! Più non è chi ispira
Forza alla vita mia, forza al morire!"[48]

---

[48] Il poemetto non presenta né cancellature né correzioni il che fa pensare che sia una stesura definitiva e che Pellico pensava di pubblicarlo. Effettivamente dopo l'uscita nel 1837 di due volumi di Poesie inedite aveva scritto all'amica fiorentina Quirina Mocenni Magiotti che aveva altre composizioni inedite da parte con cui avrebbe potuto riempire altri due volumi, poi, è probabile che la morte prima di entrambi i genitori e poi del marchese di Barolo gli abbiano fatto accantonare questo progetto.

La poetessa inglese Mary Louise Boyle.[49]

[49]http://www.literary.it/dati/literary/c/contilli/sulle_tracce_della_poetessa_mary.html

VERSI DEDICATI ALLA POETESSA INGLESE MARY LOUISE BOYLE PUBBLICATI IN APPENDICE ALL'EDIZIONE DELL'EPISTOLARIO PELLICHIANO DEL 1856:

O donzella quest'anglica rosa
Che mi porgi, perch'io, quasi fronda
D'umil pianta, in mìo serto l'asconda,
Intrecciata fra il mirto e l' allòr,
Cosi bella sorride, che a nulla
Mescolarla io giammai non potria;
Sua fragranza beò l'alma mia;
Con rispetto la posi sul cor.
Oh, perchè mai presagio non ebbi,
Ne' miei giorni di ferri e di pianto ,
Che onorato m'avrebbe il tuo canto,
Che onorato m' avrian tuoi sospir?
Oh con qual gratitudine un loco
Dato avrei nel mio core al tuo nome !
Le previste tue lagrime oh come
Addolcito m'avriano ì martir!
No, fu meglio che il mesto captivo
Tua pietade abbia allora ignorato:
Troppo avrei, troppo avrei desiato
l bei carmi che, or fai risuonar.
E fors'anco di gloria si cara
Preso avriami soverchia alterezza;
E quel Dio che ì superbi disprezza
M'avria in ceppi lasciato spirar.
Si! magnanima Vergin britanna,
Fu il Signor che mi trasse fra sgherri,
Fu il Signor che sostenne miei ferri,
Fu il Signor che miei ferri spezzò.
Se non fiacco portai grave croce,
Al Signor ne sia tutta la lode!
Benché io ammiri tua dolce melode.
So che merto da tanto non ho.

UN'OTTAVA QUASI INEDITA
PUBBLICATA NEL 1854 IN UNA RIVISTA FRANCESE

Vuoi tu l'alma aver contenta
Ama edifica perdona
Dolcemente a virtù sprona
Versa balsamo al dolor
Poni un freno ai tuoi lamenti
Gemi solo innanzi a Dio
In lui versa il tuo desio
Poni in lui fidanza e amor.[50]

Silvio Pellico in un ritratto del 1845.

---

[50] Pubblicata in *Revue contemporaine* del 1854 (il testo si trova all'interno di un articolo che ricostruisce la vita del Pellico e viene citata con l'indicazione che si tratta di versi inediti scritti per l'album di una nobildonna di cui però non viene indicato il nome). Ho rintracciato questo breve componimento tramite la funzione libri di google, si tratta di un componimento sconosciuto del Pellico che non è riportata in nessuna edizione italiana delle sue opere.

POESIE DI SILVIO PELLICO DI CUI HO RINTRACCIATO GLI AUTOGRAFI NEL MERCATO ANTIQUARIO ATTRAVERSO UNA RICERCA SU INTERNET:

Silvio PELLICO (1789-1854).
POEME autographe signé, L'anima e Dio ; 1 page in-8 (lég. piq.) ; en italien.

Poème de 2 quatrains :

« Dio che all'umana polvere.

Ogni virtù comandi, Tuoi cenni son si grandi ! »… .

http://www.piasa.auction.fr/FR/vente_livres_autographes/v17195_piasa/l33
03967_silvio_pellico_1789_1854_poeme_autographe_signe.html

INEDITA

Silvio Pellico (1789-1854) Autograph poem entitled "A S. Luigi Gonzaga" by the author of Le mie prigioni comprising 18 quatrains of septenaries. Incipit: "Grande Luigi! Amabile/ Splendor dell'alme pure/Ah! Noi peccammo, eppure/Osiamo in te fidar...". Explicit: "Ottienci deh! Quel fervido/ Amor di penitenza/ Che rende l'innocenza/che fa il peccato odiar". Below is an autograph note signed by his sister, Giuseppina Pellico: "Autografo dell'ottimo Silvio Pellico". 8vo., 3 pp. Attached is an autograph letter signed by Lazaro Umberto Cornazzani, dated Bologna 15 Genajo 1875 assuring the correspondent of the authenticity of the text, which isn't signed by Pellico: "Non v'è la sottoscrizione; ma autentico per la firma della sorella di lui; ché per la lettura ch'io vidi scritta alla persona...".

http://www.artfact.com/auction-lot/literature-silvio-pellico-1-c-11a06cea6d

INEDITA

A beautiful poem in praise of God by the Italian poet Pellico (1789-1854), who was incarcerated for 10 years as a supporter of the Italian

struggle for liberty. - Large holes and defects at the edges (occasionally touching the text). Codice inventario libreria 9786

INEDITA

Silvio Pellico (1789-1854) Poème autographe signé, « Ch'è il vero amor?... », et L.A.S., mardi 23 novembre, au comte Cesare Balbo ; 1 page in-8 chaque, une adresse avec cachet cire rouge à son chiffre ; en italien. Pièce de deux quatrains: «Ch'è il vero amor? che i nobili Stanci? il pregar ferente? »... Il remercie le comte pour les productions de son génie, qui mortent la marque de son âme généreuse. Il aimerait partager ses espérances pour le bien public, mais juge les fous libéraux comme des brutes ; les hommes purs et modérés ne sont pas écoutés, ils sont calomniés...

Roma, 15 dic. (Adnkronos) - E' stata ritrovata una lunga poesia di Silvio Pellico (dodici pagine di testo) dedicata a Napoleone. Il manoscritto autografo, finito nell'archivio privato di un collezionista torinese, verra' messo all'asta domani a Roma da Christie's con un prezzo base di circa 6 milioni di lire. Si tratta di una composizione in 26 strofe di otto ottonari (ma con diverse "stanze" irregolari), parzialmente dialogata, in cui si descrivono le tappe principali della vita dell'imperatore francese, dall'esperienza rivoluzionaria all'esilio a Sant'Elena.
Scritta probabilmente dal patriota piemontese dopo il 1840, dieci anni dopo la lunga detenzione nella fortezza dello Spielberg, la poesia sembra richiamare in piu' versi la celebre "Cinque maggio" di Alessandro Manzoni. Secondo Massimo Fino, esperto di autografi della casa Christie's, le ventisei ottave sembrano una prima stesura della composizione, in vista di quella definitiva (lo denota anche la fattura un poco zoppicante di qualche verso).
All'asta verranno messe in vendita anche tre lettere inedite dell'autore de "Le mie prigioni", una delle quali indirizzata a Pietro Maroncelli, l'altro famoso recluso dello Spielberg. Databile intorno al 1832-33, con questa missiva Pellico confessava all'intimo amico i suoi tormenti

romantici per una bella giovane torinese che non gli ricambiava le sue attenzioni affettuose: "Non so che debba pensare di quella fanciulla. Tutta notte le ho scritto, e poi cancellate e stracciate le mie lettere... Il mio stato e' peggiore di mille morti. E' una vera sciocchezza il vivere cosi'.. Non so dirti s'io l'ami o s'io l'abborra, ma ella domina tutto il mio pensiero".

http://www.adnkronos.com/Archivio/AdnAgenzia/1997/12/15/Cultura/SIL VIO-PELLICO-RITROVATA-POESIA-DEDICATA-A-NAPOLEONE_124900.php

In realtà la lettera è sì indirizzata a Maroncelli, ma dovrebbe essere stata scritta nel 1820 e riferirsi a Teresa Marchionni, d'altra parte, forse Pellico ne ha fatte più stesure perché Luzio agli inizi del '900 l'ha consultata e trascritta dall'archivio di stato di Milano dove sono conservati ancora oggi gli atti del processo e anche le carte donate successivamente dal giudice Salvotti che comprendono molte lettere personali dei patrioti che erano state sequestrate in casa loro all'epoca del processo:

Il processo Pellico-Maroncelli secondo gli atti officiali segreti

books.google.itAlessandro Luzio - 1903 - 596 pagine - Visualizzazione snippet
Non so che debba pensare di quella fanciulla. Tutta notte le ho scritto e poi cancellate e stracciate le mie lettere. ... Il mio stato 'e peggiore di mille morti. E' una vera sciocchezza il vivere così. Degg'io credere che la mia ...
Altre edizioni

Il processo Pellico-Maroncelli secondo gli atti officiali segreti

books.google.itAlessandro Luzio - 1903 - 596 pagine - Visualizzazione snippet
Caponago mi scrive che la visita delle Marchìonni è differita a un altro di. Nulla scrivo dunque a Carlotta, nè a Gcgia. Il mio stato 'e peggiore di mille morti. E' una vera sciocchezza il vivere così. Degg'io credere che la mia ...
Altre edizioni

Resta il fatto che questa lettera è comunque interessante perché testimonia che Pellico gli amori appassionati non li viveva solo attraverso i personaggi delle sue tragedie, ma anche nella propria vita reale gli capitava di innamorarsi con la stessa intensità.

La poesia dedicata a Napoleone ho scoperto che non è inedita, ma è stata pubblicata comunque dopo la morte del Pellico come dimostrano questi stralci di riviste dell'epoca, secondo il biografo del Pellico Ilario Rinieri la poesia venne composta dal Pellico mentre si trovava in carcere, è possibile che Pellico l'abbia effettivamente composta lì dentro, ma messa su carta dopo essere tornato libero visto che ai detenuti era vietato scrivere:

Rivista contemporanea nazionale italiana: Volume 8 - Pagina 177

books.google.it1856 - Google eBook gratis - Leggi
CRITICA LETTERARIA I. La morte di Napoleone. Poesia inedita di Silvio Pellico, nel Diritto. — II. Nuove poesie di Fabio Nannarelli. Firenze, coi tipi di Felice Le Mon- nier, J856. — III. Il monte Circello. Frammento di Aleardo Aleardi.
Altre edizioni

Della vita e delle opere de Silvio Pellico: da lettere e documenti ...: Volume 2

books.google.itIlario Rinieri - 1899 - Visualizzazione snippet
Egli era già macerato per cinque anni di carcere duro, quando la morte di Napoleone gli presentò un nuovo argomento, sul quale il genio poetico di Silvio Pellico esalò in istrofe, qua e colà bellissime, il sentimento di patriottismo, ...
Altre edizioni

NOTIZIE E TESTIMONIANZE SULLA FIDANZATA DI SILVIO PELLICO L'ATTRICE TERESA BARTOLOZZI-MARCHIONNI:

I miei tempi: Volumi 9-10 - Pagina 267

books.google.itAngelo Brofferio - 1859 - Google eBook gratis - Leggi

La donna di cui era amante a quel tempo Silvio Pellico , la sola forse che egli abbia amato col trasporto che troviamo espresso nella Francesca, è Teresa Bartolozzi, cugina di Carlotta Marchionni , che visse continuamente al suo fianco
...

Altre edizioni

La Compagnia reale sarda e il teatro italiano dal 1821 al 1855

books.google.itGiuseppe Costetti - 1893 - 230 pagine - Visualizzazione snippet

Le donne di casa Rosa, e prima di tutte la Gaetana, e la Giovannina e la Malvina, non che quella Teresa **Bartolozzi, detta Gegia, e cugina della Marchionni, gentile bellezza fiorentina che toccò il cuore di Silvio Pellico,** ...

Altre edizioni

Sentences: The Memoirs and Letters of Italian Political Prisoners ... - Pagina 46

books.google.itCharles Klopp - 1999 - 276 pagine - Anteprima

24 **Before their arrests as Carbonari, Maroncelli and Pellico frequented the same artistic circles in Milan and were in love with two actresses who were also cousins: Maroncelli with Carlotta Marchionni and Pellico with Teresa Bartolozzi**
...

Opere scelte di Silvio Pellico

books.google.itSilvio Pellico, Carlo Curto - 1968 - 800 pagine - Visualizzazione snippet

Cade in questo periodo l'amore appassionato e contrastato per la Gegia, la Teresa Bartolozzi, cugina della celebre Carlotta Marchionni legata al Pellico, si sa, da sincera amicizia e alla quale il poeta doveva il suo primo successo ...
Altre edizioni

Adelaide Ristori: la marchesa del Grillo, un'attrice del Risorgimento books.google.itMirella Cassisa, Liliana Naldini - 2000 - 134 pagine - Visualizzazione snippet

La conosceva molto bene, perché in quegli anni aveva una relazione amorosa con la cugina di lei, Teresa Bartolozzi, soprannominata Gegia. Lo scrittore-patriota l'amò molto ma, per le tristi vicende della propria vita e la malferma salute, non ...

Il Risorgimento italiano: Volumi 20-21

books.google.it1927 - Visualizzazione snippet

... (1) a cui ci fa pensare l'episodio così ben descritto de La chanson du troubadour, cantata in gondola sul Rio de Canonica da Carlotta Marchionni e della Teresa Bartolozzi verso le finestre delle carceri veneziane dove Silvio era prigioniero.

Altre edizioni

Il processo Pellico-Maroncelli secondo gli atti officiali segreti

books.google.itAlessandro Luzio - 1903 - 596 pagine - Visualizzazione snippet

A questo effetto trovasi una lettera di Teresa Marchionni, che ritengo nelle mie carte, nella quale questa giovane mi dà Il titolo di cugino. Trovasi di più una lettera di Silvio Pellico. che è pure nelle mie carte, ...

Altre edizioni

Due secoli di musica al Teatro Argentina: Volume 2;Volume 2

books.google.itMario Rinaldi, Mario Rinaldi - 1978 - 1636 pagine - Visualizzazione snippet

Gli altri **attori** erano **Teresa Marchionni**, Carolina Barberis, Luigia Pieri, il Prepiani, il Visetti, il Belisario, il Gottardi, il Rizzardi, il Gandolfi ».M Non vogliamo tralasciare di rammentare alcuni importanti awe- 79 MTR, 1933; ...

Altre edizioni

Tra poesia e cultura: Volume 1;Volume 1

books.google.itMario Scotti, Mario Scotti - 2000 - 822 pagine - Visualizzazione snippet

Mentre scrive a Teresa Marchionni parole confuse dall'empito dolorante della passione, si rivolge a Carlotta disinvolto, amabile, scherzoso e - sia pure il capriccio brillante di un'ora - le parole scivolano con timbro festivo.
Altre edizioni

In scena a Bologna: il fondo teatri e spettacoli nella Biblioteca ...
books.google.itPatrizia Busi, Marina Calore - 2004 - 628 pagine – Visualizzazione snippet

12 L 'americana condannata al rogo ovvero L 'eroe spagnuolo Stanislao Boldrini, Enrichetta Bonuzzi, Francesco Bo- nuzzi, Giovanni Cesare, Erminia Gherardi, Luigi Marchionni, Teresa Marchionni, Giovanni Marini, Vincenzo Monti, Giuseppe ... (QUESTO E' LO SPETTACOLO DEL 1827 RECITATO DALLA COMPAGNIA DI LUIGI MARCHIONNI, FRATELLO DI CARLOTTA, IN CUI RECITAVA ANCHE TERESA DI CUI HO RINTRACCIATO IL MANIFESTO)

In tutte le biografie italiane del Pellico è scritto che Teresa Bartolozzi (più conosciuta come Gegia Marchionni) è sempre rimasta celibe, ma in una biografia in francese di Pellico uscita a puntate nel 1854 nella Revue contemporaine ho trovato scritto invece che Teresa si era sposata e aveva avuto un figlio e che per questo motivo, una volta uscito dal carcere, Silvio aveva rinunciato a lei anche se andando a trovare Carlotta aveva l'occasione di vedere anche Teresa che rispettava anche se i suoi sentimenti per lei non erano cambiati.[51]

---

[51] "Cet amour dont personne n'a parlé jusqu'ici et dont j'ai puisé le secret et les détails à une source incontestable n'eut rien de pour la renommée de notre poète Même au temps de son scepticisme les principes de morale sont si fortement enracinés en lui qu'il saurait faiblir Sur ses vieux jours lorsqu'il se rappellera cette du jeune âge Silvio Pellico pourra dire en parlant de la Gegia qu il dit dans ses Prisons en parlant de la Zanze Dieu soit loué je puis y penser sans remords Tout idéal tout pur qu' il fût amour cependant avait un caractère d'extrême vivacité et il a profondément cette âme ardente Silvio allait souvent chez la Marchionni dont il appréciait les rares qualités et pour laquelle il toute sa vie une sincère sympathie mais faut il le dire il y moins pour rendre hommage au mérite de la tragédienne que pour rapprocher le plus possible de l'objet de son amour. Chez elle il la Gegia il

Io ho effettivamente trovato citata in una sentenza per un'eredità del 1836 una Teresa Bartolozzi vedova Masini che non aveva avuto figli e a cui viene riconosciuto che le spettava un legato lasciatole dal marito che il nipote del coniuge defunto le aveva invece negato.

Se non si tratta di un caso di omonimia (purtroppo nel testo della sentenza non è indicato quanti anni aveva la Teresa Bartolozzi di cui si parla) potrebbe essere che Teresa si sia sposata mentre Pellico era in carcere e che sia rimasta vedova nel 1834 dopo pochi anni di matrimonio e che poi non si sia più risposata e sia dunque morta senza avere avuto figli.

Tesoro del foro toscano, o sia, Raccolta delle decisioni del ...: Volume 41 - Pagina 391

> books.google.itTuscany (Italy). Supremo consiglio di giustizia, Lorenzo Cantini, Domenico Nenci - 1838 - Google eBook gratis - Leggi
> **Agosto 1836. quale Sentenza siccome valida, e giusta, conferma ordinandone la piena, e libera esecuzione seconda**

entendait sa voix et quelquefois en embrassant avec effusion son enfant elle s'était mariée il laissait tomber sur ses roses une larme de douleur Pas un mot de plainte pas la parole qui vint trahir son affection du moment qu' elle eut donné sa à un autre homme Il respectait la femme d'autrui tout en se impuissant à dompter la passion qui l'attachait à elle. Mais la vouera quelque reconnaissance à la Gegia car elle lui doit peut la Francesca du Rimini. Les longs entretiens de Pellico avec les cousines réveillèrent en lui l'étincelle de la poésie. Carlotta était une tragédienne éminente l'esprit du poète devait sur un sujet tragique. Sa cousine était unie à un autre homme et l'histoire lamentable de la triste fin de la Francesca étudiée par lui les pages éternelles de la Divine Comédie devait frapper son imagination On peut donc supposer que ce fut sous l'influence de amour qu'il écrivit sa Francesca. (Ho fatto il copia ed incolla del testo tratto dalla Revue perché nel 1854 le lettere d'amore di Silvio a Teresa non erano ancora state pubblicate, Maroncelli nelle sue Addizioni aveva parlato a lungo di Carlotta Marchionni, dicendo anche erroneamente che aveva ispirato la Francesca del Pellico, ma non aveva nominato Gegia, nel 1854 perciò solo qualcuno che aveva degli amici a Torino poteva conoscere le vicende dell'amore di Silvio per Teresa detta Gegia che nei salotti torinesi erano nati, ma fuori da Torino erano inedite e da quello che ho potuto ricostruire erano ignote anche ad Antoine De Latour traduttore ufficiale del Pellico in Francia).

la sua jòrma, e tenore.' E condanna detto sig. Antonio Masini a favore della Teresa Bartolozzi vedova Masini nelle spese ...

Altre edizioni

UNA DETTAGLIATA BIOGRAFIA DELLA MARCHESA GIULIA FALLETTI DI BAROLO TRATTA DA:

http://sites.google.com/site/giuliadibarolo/la-vita-di-giulia

Giulia Colbert nacque nel castello di Maulévrier (Francia) il 26 giugno 1786. F battezzata nello stesso giorno coi nomi di Juliette Françoise-Victurnie. Sull'infanzia la giovinezza di Giulia abbiamo solo scarne notizie. Certamente dai genitori el assimilò la sapienza del Vangelo, la rettitudine morale, la sensibilità verso i poveri l'amore alla preghiera. Nel 1789 rimase orfana di madre. Crebbe ammirata da tutt per la bellezza interiore ed esteriore della sua persona. Giulia era brillante, tenace piena di vita. Il 18 agosto 1806 Giulia, ventenne, sposò il Marchese Carlo Tancred Falletti di Barolo, allora paggio dell'imperatore, conosciuto alla corte parigina d Napoleone Bonaparte. Nel 1814 i Barolo si stabilirono definitivamente a Torino nello splendido palazzo di famiglia in Via delle Orfane. Uomo colto ed amante deg studi, Tancredi scrisse diverse opere letterarie a sfondo storico. Fu sindaco di Torin negli anni 1825 e 1829, ma soprattutto fu fedele compagno di Giulia nell promozione di opere di carità.

I coniugi Barolo godevano di grande prestigio, e la loro casa era frequentata da personaggi di maggiore spicco dell'epoca: aristocratici, letterati e scienziati. Non er raro incontrare personaggi come De Maistre, De Broglie, Lamartine, Cavour, Cesar Balbo, gli Alfieri di Sostegno, Federico Sclopis, i Marchesi di Saluzzo, i Del Rovere, i nunzi pontifici e tutti i nobili forestieri che si trovavano a passare per città. Infine Silvio Pellico, che fu presentato ai Falletti da Cesare Balbo, all'indoman della sua scarcerazione dal carcere dello Spielberg, che divenne poi bibliotecario prezioso collaboratore. I Marchesi utilizzavano gli incontri serali del loro salotto pe portare avanti i propri progetti caritativi.

44

Ma ci fu anche un'altra dimora che presto conquistò il cuore della marchesa ed era il Castello di Barolo, dove i Falletti già da tempo possedevano il loro immenso patrimonio di tenute agricole e dove nacque il vino che fu poi detto "Barolo" e di cui la marchesa fu la madrina illustre.

Nel 1833 fondò le Suore di Santa Maria Maddalena per accogliere alcune ospiti del Rifugio desiderose di consacrarsi interamente a Dio. Insieme al marito, Giulia aprì un asilo d'infanzia nel loro palazzo torinese e fondò la congregazione delle Suore di Sant'Anna.

Giulia e Tancredi, non avendo avuto il dono dei figli, adottarono i poveri di Torino e svilupparono un dettagliato programma di interventi. I Barolo compirono insieme alcuni viaggi in Italia e in Europa, ammirando i capolavori dell'arte e le bellezze paesaggistiche, senza trascurare le istituzioni educative e sociali, le fabbriche e le carceri.

Nel 1838 giunse, improvvisa, la morte di Tancredi. Ella rimase sempre vicino all'amato sposo pregando e raccomandando la sua anima a Dio. La sua vita rimase profondamente segnata da tale evento, e dopo la morte del marito Giulia intensificò il suo impegno a favore del prossimo. A lei si deve la prima riforma delle carceri femminili in Italia. Il suo progetto rieducativo, attuato personalmente, fu realizzato attraverso l'istruzione, il lavoro retribuito, l'educazione alla fede.

Diede vita a vari istituti educativi e assistenziali fra cui il Rifugio (dove ex detenute e giovani a rischio trovavano un ambiente familiare ed un lavoro dignitoso), la scuola di Borgo Dora (la prima scuola per bambine povere di Torino), l'Ospedaletto di Santa Filomena (per bimbe disabili), il laboratorio di S. Giuseppe (scuola di tessitura e ricamo per ragazze povere), le "famiglie di operaie", il Collegio Barolo. L'ultimo omaggio di Giulia alla "sua" Torino fu la costruzione della chiesa parrocchiale di Santa Giulia in Vanchiglia.

Gli ultimi anni di vita di Giulia furono costellati da malattie e lutti. Il 19 gennaio 1864 Giulia, 77enne, spirò. Il dolore delle persone a lei vicine per la sua morte fu enorme,e a Torino si diffuse un grande cordoglio per la perdita subita. Ai suoi funerali, svoltisi il 21 gennaio, prese parte una folla immensa, e volle spontaneamente aderire perfino il Municipio. Fu sepolta nel camposanto accanto all'amato marito la mattina del 22 gennaio. Le spoglie mortali della Barolo riposano attualmente nella chiesa di Santa Giulia a Torino, dove vennero solennemente traslate il 19 gennaio 1899, ben 35 anni dopo la sua morte.

Tra le sua volontà vi fu la costituzione dell'Opera Pia Barolo alla quale lasciò l'intero patrimonio di famiglia.

Secondo alcuni documenti, dedicò ad opere di beneficenza complessivamente 12 milioni di lire, una somma pari al bilancio di uno Stato del tempo.

Il 21 gennaio 1991 è stata avviata la causa di canonizzazione.

POESIE DI SILVIO PELLICO PUBBLICATE DOPO LA SUA MORTE:

Rivista storica italiana: Volume 19

books.google.itCostanzo Rinaudo, Istituto fasciste di coltura di Torino
Giunta centrale per gli studi storici - 1902 - Visualizzazione snippet
R., **La prima poesia di Silvio- Pellico [Del 1809, diretta alla madre d:
Lione, parlando con entusiasmo della patria italiana, proclam:
arditamente l'ora della liberazione del suo paese, pronunziando l:
caduta del colosso napoleonico].**
Altre edizioni

Bollettino delle pubblicazioni italiane ricevute per diritto di stampa

books.google.itBiblioteca nazionale centrale di Firenze - 1893
Visualizzazione snippet
A un ciclamino: ottava di Silvio Pellico, 8. La modestia d'un genio
lettera di Antonio Canova. 9. La « Fiducia in Dio », il gruppo di « Pirro (
Asti&natte > e la critica: lettere di Lorenzo Bartolini. 10. Per uu gruppe
delle Grazie: A ...
Altre edizioni

Giornale storico della letteratura italiana: Volumi 1-2

books.google.itGiulio Bertoni, Vittorio Cian, Francesco Novati - 1883
Visualizzazione snippet
**Poesia inedita di Silvio Pellico. [Fu scritta in Milano nel 1815 (
diretta alla cantante Carolina Negroni].** — N° 2 : FA, L'Italia ne(
cuore dei suoi poeti. Sono rammentate e in parte riferite le più note
apostrofi all'Italia dei poeti ...
Altre edizioni

Rassegna storica del Risorgimento
www.risorgimento.it/rassegna/index.php?id=43877...Copia cache
**ALESSANDRO ALESSANDRI, Una poesia inedita di Silvio Pellico, in
B. Cuneo, 1957- 1958, n. 39-40, pp. 135-144.**

**L'originale della poesia dedicata da Pellico a Mary Louise Boyle
(autografi Rosselmini-Gualandi, Biblioteca Universitaria di Pisa,
il testo è stato digitalizzato e la riproduzione fotografica
è disponibile anche on line)**

Foto probabile di Cristina dello studio Richard di Ginevra,
rintracciata sul mercato antiquario.

Foto e ritratto di Cristina a confronto...